Revolución

JORGE PACHECO

Derechos de autor © 2019 Jorge Pacheco
Todos los derechos reservados
Primera Edición

PAGE PUBLISHING, INC.
Conneaut Lake, PA

Primera publicación original de Page Publishing 2019

ISBN 978-1-64334-264-1 (Versión Impresa)
ISBN 978-1-64334-265-8 (Versión electrónica)

Libro impreso en Los Estados Unidos de América

Dedicado a Ti

Introducción

El domingo 20 de febrero de 1977, se celebraron elecciones presidenciales en El Salvador, CA. dejando como ganador al candidato de la derecha, (en un claro fraude) lo cual animo al contrincante perdedor a llamar al pueblo a unirse en protesta y tomarse la plaza libertad ubicada en la área céntrica de la capital. Por 8 días, los protestantes estuvieron en ese parque hasta que la madrugada del lunes 28 de febrero, la guardia nacional, policía de Hacienda y policía nacional, cercaron dicho parque y comenzaron a disparar a diestra y siniestra contra las personas que acompañaban al candidato perdedor.

"Los cuerpos del orden" asesinaron a más de 300 personas, muchos lograron salvarse porque se refugiaron en la Iglesia el Rosario que se encontraba al frente del parque, camiones llegaron a recoger los cuerpos, los bomberos también hicieron acto de presencia para lavar las calles cubiertas de sangre.

En honor a los asesinados fue que surgió las "Ligas Populares" 28 de febrero (LP 28), vinculándose estrechamente con Ejército Revolucionario de Pueblo (ERP) que comandaba Cayetano Carpio. Dando paso así, a iniciar lo que fuera la revolución en El Salvador.

Una multitud de personas arremolinadas, protestando en ciudad Aguilares, Norte de San Salvador.

Grupo de hombres apostados frente a la Central Azucarera, gritando sus querellas, se escucha una voz fuerte entre ellos: "¡Queremos un mejor salario! ¡Basta de abusos de parte de los patrones! ¡Exigimos mejor trato laboral!".

La multitud con palos, piedras y machetes y capta caras desencajadas con gestos agresivos y movimientos desesperados:

Un campesino machete en mano dice: "¡Queremos más dinero por nuestro trabajo! ¡Ya no queremos más explotación! ¡Ni más gritos ofensivos, de los patrones!"

Dentro de la oficina, un jefe y tres personas en funciones secretariales. Dentro, tres personas y una induciendo funciones secretariales.

El patrón se levanta de su escritorio, mira hacia afuera por la ventana y dice:

—¿Por qué hace tanto escándalo esa gente?

Un empleado: Son unos campesinos alborotadores, que buscan por ese medio aumento de pago.

La puerta se abre y campesinos son captados de frente. Sale el empleado dos levantando sus manos y vociferando a grito pelado: "¡Un momento! ¡Momentito no queremos problemas! ¡Mejor váyanse a sus casas y dejen el escándalo!"

—Primer campesino: ¡Nooooo! ¡No nos iremos hasta que el patrón nos escuche!

Y vuelve a decir el empleado: ¡Escuchen esto! ¡No me obliguen a usar la fuerza! ¡No quiero que nadie salga lastimado!"

—Campesino: ¡Tú cállate, perro mandilón! ¡Contigo no queremos nada! ¡Vos cállate no eres más que un come mie— cualquiera! ¡Queremos al patrón!

El empleado guarda silencio y da la espalda con la mirada baja y de pronto, voltea hacia arriba y truena sus dedos. Luego salen varios hombres armados y se ponen en posición para disparar. Los campesinos por segundos guardan silencio y después, alguien grita: "¡Podrán matar nuestros cuerpos…pero nunca callarán nuestra voz que pide justicia y libertad!

Los hombres armados abren fuego contra los indefensos campesinos, que corren despavoridos y angustiados, queriendo protegerse de las balas asesinas, que no evita la muerte de más de 17 de ellos.

*Una hermosa y soleada tarde. *
Se escucha el ruido de motor de un auto, donde viene el padre Oscar Romero, a visitar al cura de la trifulca.

—El padre Oscar, con un dialogo pausado: Ya me enteré de lo que pasó. ¡Pero Rutilio…no se meta en problemas! Deje que las autoridades arreglen eso. Nosotros no estamos para tales asuntos. Nuestro trabajo es muy diferente. Lo nuestro es llevar paz, armonía y consuelo a los hogares del pueblo. Tratemos…

—Rutilio interrumpe molesto: ¡No me hable de paz! ¡JUM! ¡Ni consuelo y armonía! ¡Vaya usted a visitar a las familias de esos campesinos asesinados! ¡A ellos hábleles de su paz! ¡A ellos dígales de su consuelo!

—Oscar: ¡Exacto! ¡En estos momentos es cuando más necesitan de su pastor!

—Rutilio: ¡Oscar! ¡Dígame…¿Qué clase de pastor es aquel que no lucha por sus ovejas? ¡Recuerde que la voz del pueblo es la voz de Dios! ¡Y yo estoy dispuesto…hasta ofrecer mi vida si es posible, por mi pueblo…¡Por mis ovejas!

Mañana iré a la capital y no sé con quien tenga que hablar...
¡Pero de que me van a escuchar...¡Me van a escuchar! ¡Se lo prometo!

Al día siguiente una maleta en la cama, echando ropa por parte del padre Rutilio Grande. Abre su gaveta y saca un Cristo. Lo besa y lo pone en su almohada. Luego, sale con maleta en mano, abre el cofre del carro y la guarda. Se da la vuelta, va al frente del auto, abre el capo y revisa el aceite, el agua y cierra. Se sube y se va.

En el camino, manejando, alcanza a un niño junto con su abuelo que caminan tranquilamente.

—Rutilio sonriendo dice: Buenos días, ¿Para dónde van?

—El niño sudando y cansado expresa: Vamos al pueblo, padrecito.

—Rutilio: Un aventón no les vendría mal y sirve que me acompañan. ¡Suban! ¡Anden...suban!

El niño se acomoda en la parte trasera y el abuelo al frente.

—Abuelo: ¡Padre! Se puso muy fea la cosa con los cañeros, ¿Verdad?

—Rutilio: ¡Y peor se pondrá! ¡Claro! Cuando el pueblo se dé cuenta que tiene derecho a una vida digna. Escuelas para sus hijos...y un mejor salario.

De pronto, se escucha una ráfaga de disparos. El padre Rutilio Grande es asesinado junto con sus dos acompañantes. El padre Romero al darse cuenta de la noticia, frente a la imagen de un cristo, de rodillas, llorando y rasgando sus ropas con la imagen de un Cristo bajando, hincado y llorando. Rasgando sus ropas. Enfatiza: "¿Por qué, Señor? ¿Por qué?...¿Hasta cuándo tanta injusticia?". Esto lo exclama levantando sus puños y dejándose caer.

Un año después, es ordenado Arzobispo, por el Papa Pablo Sexto.

Una mañana como cualquier otra, un Toyota va por una avenida de San Salvador, mientras en la radio se escucha al locutor:

"¡Muy Buenos días tengan todos! En esta hermosa mañana los saluda Joaquín Salguero, su locutor de su estación preferida... ¡Radiooo Loboooo! Ya sabe que estamos a sus órdenes con su canción favorita o para mandar un saludo a esa persona especial que tanto ama. Solo marque al teléfono el 23 27 30 y al momento le complacemos. ¡Recuerde! Esta es: ¡Radiooo Loboooo!".

En esos momentos, alguien se baja de la camioneta Toyota, marca dentro del teléfono público y dice:

"¡Estamos listos!"

Suena una explosión por otro lado de la ciudad y se escucha la conocida sirena de la ambulancia de un lado a otro y se arma un desastre en esos momentos.

Los hombres de la camioneta entran tranquilamente a la estación de radio y se van directamente contra el locutor que es Joaquín Salguero. Lo amarran a la silla con cinta adhesiva, se dirigen al tornamesa y sacan el cassette. Lo programan y se van los intrusos como si nada y ante el desconcierto de propios y extraños, se suben al carro y se pierden en la ciudad.

Al momento, prenden la radio de su auto y uno de ellos dice: "A todo el pueblo salvadoreño le hacemos saber que este es el Frente Popular de Liberación, uno de los brazos armados, con el siguiente informe:

«Nosotros el FPL, estamos tratando de levantarnos contra este gobierno opresor...»"

Y vuelve a decir el personaje: "¡Y estamos listos para lo que será, nuestra propia revolución!"

Un país muy pequeño, pero con una población de 5.2 millones. La tensión política en la que vive el país es difícil. Secuestros, asesinatos, manifestaciones populares...asaltos a las estaciones de radio, tomas a las iglesias, embajadas, revueltas en instituciones de gobierno, atentados a diversos negocios, ataques a cuerpos policiales...

Jorge, un adolescente de 16 años, vive en Sonsonate, una provincia a 64 kilómetros de la capital. Pretende ir a San Salvador a probar suerte, debido a la pobreza en la que vive. Sin embargo, su abuela, con la sabiduría que dan los años, le manifiesta que es peligroso y que piense bien las cosas. A pesar de eso...

—Jorge: Abuela, aquí está muy difícil, ¡No hay trabajo!
—La Abuela que le sirve en esos momentos su comida, responde: Hijo, hasta hoy, gracias a Dios, nunca hemos dejado de comer. Por lo menos, frijoles tenemos.
—Jorge: Abuela, ¡No es lo que comamos! Lo que pasa es que aquí no hay futuro. ¡No hay nada! Y lo peor es que...¡No hacemos nada por salir adelante!
—La abuela le contesta: Bueno, yo no sé cómo le hagas...pero de aquí, ¡No te vas! (Gestos de autoridad y de negación a la partida del nieto). O, ¿Qué quieres? ¿Que me muera de un susto? ¿Te vas a la capital sin tener donde llegar? ¡Ni lo pienses! ¿Entendiste? ¡Ni lo pienses!
Y Jorge solo la mira con media sonrisa en labios.

Jorge va a salir al cine y mientras se venda un brazo, llega su abuela.

—Abuela: ¿Qué haces, muchacho?
—Jorge: Abuela, voy al cine y no sé si esta noche recluten y así no creo que me lleven.
—Abuela: ¡Ah! ¡Que nieto más loco tengo! ¿Con quién vas?
—Jorge: ¡Con los hijos de doña Amanda! ¡Ya sabes que nada más con ellos salgo!
—Abuela: ¡Tengan mucho cuidado! ¡Y regresa temprano, por favor!
—Jorge: ¡Sí, abuela! ¡No te preocupes! ¡Dame tu bendición!
—Abuela: ¡Que Dios te bendiga!

Jorge sale con sus cuatro amigos y se van al cine.
Al finalizar la función, cuando salen del cine, lo que se imaginaba Jorge, se convierte en realidad. La calle está acordonada por miembros de la patrulla (Personas que trabajan para el ejército) y empiezan a corretear a varios jóvenes, entre los que se encontraban

los amigos de Jorge, pues a este lo ignoran, debido al vendaje. Se consideraba herido y, por lo tanto, exento de ser reclutado. A los amigos ya capturados, se los llevan al cuartel.

Entonces Jorge va con doña Amanda, para llevarle la mala noticia.

—Jorge: ¡Doña Amanda! ¡Doña Amanda! ¡Le traigo malas noticias! ¡A la salida del cine, la patrulla se llevó a los muchachos!

Doña Amanda, estrujando sus manos, dice:

"¡Ay Dios bendito! ¡No puede ser! ¡Lupe! ¡Lupita! ¡Ven, por favor!

Lupita tallándose los ojos, de quien acaba de despertar, enfatiza: ¡Mama! ¡Déjame dormir! ¡Tengo mucho sueño!

A lo que doña Amanda contesta: ¡Ay, Lupita! ¡Que sueño ni que nada, muchacha! ¡Cámbiate rápido! ¡A tus hermanos se los llevaron al cuartel y vamos a ver si me los entregan!

En el cuartel

La señora se presenta con el asistente del comandante y pide hablar con él.

Asistente: ¡Lo siento, señora! Mi comandante está muy ocupado y no sé si podrá atenderla. Permítame ver qué puedo hacer.

El asistente entra a un cuarto y regresa a los pocos minutos diciendo: Mi comandante estará con usted en cuanto se desocupe.

Doña Amanda no tiene más remedio que esperar. Después de una hora, sale una chica muy bonita, despidiéndose del comandante.

—Entonces, ¿Te veo mañana? ¿Sí, mi Rey? ¿No? —Dijo esto colgándose del cuello del comandante.

El comandante con voz fuerte: ¡Yo te mando a llamar, mi reina! ¡Ya sabes! Ahora déjame ver que quiere esta vieja. —Le da una nalgada con su mano abierta.

—Comandante: ¡Señora! ¡Pase!

—Dona Amanda, frotando sus manos, agrega: ¡Sí, señor comandante! Vera usted, yo tengo cinco hijos y no sé cómo decirle…

—El comandante molesto: ¡Ya! ¡Hable de una buena vez, que no tengo su tiempo!

—Doña Amanda, casi llorando: La verdad es que mis hijos fueron al cine y a la salida, la patrulla los agarró. Entonces me avisaron que aquí estaban.

—Comandante: ¿Cómo se llaman sus hijos?

—Doña Amanda: Carlos, Juan, José y Efraín Vargas.

—El comandante grita: ¡Asistente!

—El asistente saludando y cuadrándose dijo: ¡Señor! ¡Sí, señor!

—Comandante: ¡Tráigame inmediatamente a estos cuatro muchachos!

El comandante se pone de pie y camina alrededor de las dos mujeres. Mirando a Lupita de pies a cabeza, se acerca a su oído y en voz baja le murmura: ¡Eres una muchacha muy bonita! Cuando necesites…ya sabes dónde encontrarme.

En esos momentos, entran los muchachos y las dos mujeres se abrazan. Entonces, doña Amanda voltea con el comandante y otra vez le dice: ¡Gracias, señor comandante! ¡Muchas gracias!

—Comandante: ¡Un momento! ¿Piensa que todos se van a ir? ¡No, señor! Los dos mayores se quedan. Ellos ya tienen 20 y 19 años. A los otros se les puede llevar.

—Dice doña Amanda llorando: Señor…disculpe mi insistencia…pero no me puedo ir sin mis muchachos. ¡Por favor! ¡Démelos! ¡Es muy difícil como madre! ¡Entienda!

—El comandante molesto: ¡Ya basta, señora! ¡Dele gracias a Dios que le permito que se lleve a estos dos! Además, es obligación de ellos como hombres, defender a su patria. Y no me diga más, porque si no, se quedan todos. ¿Me entendió? ¡Ya váyase!

—Asistente: ¡Ordene señor! —Saludando a la vez como militar.

—El comandante señalando con los dedos: ¡Lleve a estos a las barracas! ¡Que los bañen y les corten el pelo! ¡A los demás…enséñeles la salida! ¿Entendido?

—Asistente: ¡Sí, señor! ¡Entendido!

Volteando a los demás, dice: ¡Acompáñenme, por favor! —Llevando a la señora y sus tres hijos a la puerta. Mientras doña

Amanda llorando voltea a ver desgarradoramente a sus hijos, que se quedan a prestar servicio militar.

Al día siguiente por la mañana, Jorge y su abuela están tomando café y platicando lo de la noche anterior.

—Jorge:

—Abuela. ¿Ya sabes por qué me quiero ir? En la capital tal vez no recluten y si lo hacen, quizá sea en los pueblos de alrededor. Además, yo vendría cada fin de semana. ¡Te lo prometo ¡Vamos, abuela! ¡Dime que sí!

—Abuela triste: Puede que tengas razón y creo que el tiempo llegó. Tus alas ya emplumaron y tienes derecho a volar. Por lo tanto, yo no seré quien te detenga. Solo voy a pedirte un favor…¡Cuídate! Y siempre compórtate como lo que eres…¡Todo un hombre!

Una mañana, a finales del mes de febrero, Jorge estaba leyendo las páginas del clasificado y descubre un anuncio que le interesa, porque solicitan un sastre, oficio que ya conocía. Con entusiasmo, va y lo muestra a su abuela.

—Jorge: ¡Abuela! ¡Abuela! Mira lo que encontré, es un anuncio que busca un sastre. Ojalá se me haga realidad.

La abuela sonríe, mientras continúa cocinando. Al día siguiente, Jorge prepara su mochila y se despide de su abuela. La señora lo mira y dice: ¡Cuídate mucho, hijo mío! ¡Que Dios te bendiga! —Hace la señal de la cruz en la cara de su nieto.

Al llegar a la capital, Jorge pregunta dónde queda la dirección que busca, hasta que al fin da con ella.

—¡Buenos días! Disculpe…vengo a ver el trabajo que está en el periódico.

El dueño, dándole la mano dice:

—¡Sí! ¡Por supuesto! ¡Dime! ¿Dónde has trabajado?

Jorge temeroso, contesta:

—Este…verá usted. Soy de provincia, nunca he trabajado aquí, pero si me da la oportunidad…¡Le prometo que le voy a echar muchas ganas!

—El dueño: ¡Está bien! Pero…quiero que me hagas un pantalón de muestra. Si me gusta como trabajas…¡Te quedas! Y si no, lo siento.

—Jorge sonriendo: ¡Claro que sí, señor! ¡Ya verá que no se arrepentirá! Me llamo Jorge y le voy a dejar un pantalón bien hecho. ¿Cuál es mi lugar?

El dueño, llevándolo a una maquina:

—Por ahora trabajarás aquí. Cuando termines…lo pones en la mesa para revisarlo.

Cuando finaliza el día, Jorge tiene el trabajo. Se despide y camina hacia la otra calle, donde encuentra un comedor y entra a cenar. Cuando paga la cuenta, se dio cuenta que ya había oscurecido y decide, por lo tanto, dormir en el parque de enfrente.

Jorge, caminando, encuentra un lugar para dormir. En eso, escucha que alguien le da una orden.

—¡No te muevas y pon tus manos a la cabeza!

Esto lo dijo uno de dos policías, que hacían su ronda, lo encuentra y son quienes lo encañonan.

—Policía: ¡Tus documentos!

—Jorge asustado: ¡No tengo, señor! ¡Soy menor de edad!

—Policía: ¿Qué haces aquí? ¡Tú eres izquierdista! ¡No lo niegues, cab—!

—Jorge: ¡No, señor! ¡Le juro por Dios que no! Yo solo vine a trabajar a la sastrería que está en la otra calle. Y como no tengo donde dormir, se me hizo fácil buscar una banca para pasar la noche. ¡Eso es todo, señor!

Los policías registran a Jorge y su mochila. Luego el policía agrega:

—Mira, muchacho…la cosa está muy peligrosa y no es bueno que andes solo por la calle a estas horas. ¡Acomódate donde quieras y no te preocupes!

Al día siguiente, al despertar Jorge, nota que tiene una chamarra sobre de él, que le había puesto uno de los policías encima, para que no pasara frío.

Jorge, entrega la chaqueta, dando las gracias por el detalle. Se despide y se va a su trabajo.

A las 7:30 de la mañana, el patrón llega al taller y mientras que abre la puerta, notó, por lógica, que Jorge estaba sentado en su espera y le comenta:

—¡Buenos días, joven! ¿Madrugaste?

—Jorge, sonriente: ¡Sí…claro! Bueno…la verdad es que…no me fui para mi casa.

El patrón, quitando la llave del candado, voltea a verlo y pregunta:

—¿Entonces? ¿Dónde pasaste la noche? ¿O tienes familia aquí?

—Jorge: ¡Nooo! Dormí en el parque.

—Patrón: ¿Cómo? ¡No, muchacho! ¡Que no se repita eso! ¡Me haces sentir mal! Mira…me caes bien y creo que eres honrado. Acá no hay una cama para que duermas…pero tengo mesas y un baño. Si te sirve, puedes quedarte aquí. Por lo menos…no vas a dormir en la calle.

—Jorge: ¡Gracias, patrón! ¡Se lo agradezco mucho!

—Patrón: ¡Ya…ya…ya! ¡Vamos a trabajar!

Las horas del día se pasaron rápido laborando y al llegar la noche, los que se quedan ahí, van a cenar. Luego, regresan a trabajar hasta tarde. Y a las 6 de la mañana del día siguiente, mientras aparentemente duermen todos, se escucha una fuerte explosión. Es el 28 de febrero. En la calle hay varios manifestantes, gritando consignas contra el gobierno. A la vez, es aniversario de una matanza contra sindicalistas de la LP 28 (Ligas Populares 28 de febrero).

Es cuando Jorge se entera como se vive en las calles de la capital. Es el comienzo de una vida difícil, de peligro y terror, que desde hoy y por los siguientes 11 años vivirá.

Por lo general, en las calles siempre se miraban miembros del ejército patrullando, por aquí, por allá, en Jeep o caminando.

Tres meses después, Jorge y sus compañeros, estando en el interior del trabajo, se preparan para ir a almorzar y de la nada, escucharon disparos. De inmediato se tiraron al piso, a cubrirse como pudieron. Afuera, inconfundibles gritos de soldados y particulares.

—Soldado uno: ¿De dónde vienen los disparos, cab—?

—Soldado dos: ¡No sé! ¡Tú sigue disparando, pendejo!

REVOLUCIÓN

Al pasar unos minutos, todo quedó en tensa calma. Los guerrilleros se fueron. Cuando Jorge y compañeros salieron a ver que sucedió, se encontraron con muertos por todos lados. En la esquina estaba una pick up cargada con leña y allí mismo, sobre de ella, el único hombre que salvó su vida. Sus amigos que estaban en la cabina fueron acribillados.

Un autobús repleto de pasajeros recibió varios impactos de bala, por lo que dentro quedaron varios muertos y heridos.

Las sirenas de las ambulancias v comandos de salvamento, hacen presencia para levantar a los heridos. Mientras que los muertos, quedaron tendidos hasta que llegara el forense para buscar entre sus ropas alguna documentación que los identificara, para notificar a sus familiares y que recojan sus cuerpos. Los que no, son llevados a la morgue.

Al momento, llega la Guardia Nacional, la Policía y comienzan a indagar con preguntas, arrestando a quienes consideraban sospechosos. Sin embargo, los verdaderos atacantes desaparecieron de la escena de los hechos. En su lugar, el manto del llanto, el miedo los lamentos, invadieron el lugar.

Un día Jorge fue a comer a "Mexicanos", ciudad contigua a la capital. Al regresar a bordo del autobús y sentado al frente, por la Quinta Avenida Norte, vio a un hombre de espalda en la parada del autobús. De pronto, pistola en mano, giró hasta quedar frente al chofer, a quien apuntándole y acercándose a la vez, gritó:

—Pistolero: ¡Atraviesa el autobús rápido! ¡No creas que juego!

—Chofer: ¡Sí, señor! ¡No dispare! ¡No dispare!

—Pistolero subiendo al autobús: ¡Todos ustedes! ¡Bájense si no quieren morir achicharrados!

Cuando todos bajaron, el chofer obedeció la orden. Luego, el pistolero de inmediato pinchó las llantas, prendió fuego al autobús y se fue disparando al aire y gritando:

—Pistolero: ¡Viva el FPL! ¡Viva el Bloque Popular Revolucionario!

Los pasajeros, asustados, huyeron de ahí.

Por otra parte, los Vargas (Carlos y Juan), sargentos del ejército, recibieron en su oficina un llamado de su comandante.

—Comandante: Los he mandado a llamar porque ustedes han mostrado capacidad y cualidades propias para recibir entrenamiento especializado en guerrilla. Por lo tanto, serán enviados a Estados Unidos. Preparen sus cosas. Desde hoy, tienen 8 días de permiso para visitar a su familia.

Los hermanos Vargas se encuentran en su barraca, conversando sobre su mamá y sus otros hermanos.

—Carlos, contento: ¡Mamá se pondrá feliz al vernos de nuevo!

—Juan muy serio: Tal vez. Pero cuando se entere de que vamos a Estados Unidos, no sé cómo reaccione.

—CARLOS: ¡Ya! ¡No seas agua fiesta! ¡Lo bueno es que solo serán tres meses y luego regresamos!

—Juan continua serio: ¡Ese es el problema! Que mamá sigue preocupada por nosotros. ¡Y lo peor es que no sabemos hasta cuando durará esta maldita guerra! A veces me pregunto si estamos en el lado correcto.

Un fin de semana, Jorge fue a Sonsonate. Es que le dio por visitar a su amigo Juan.

—Jorge: ¡Juan! ¿Cuándo llegaste? Dándole un abrazo.

—Juan: ¡Ayer! ¿Cómo has estado?

—Jorge: ¡Muy bien! ¡Me da mucho gusto verte! ¿Qué te parece si vamos a comprar unas cervezas para celebrar?

—Juan: ¡Aquí tengo! ¿Quieres una?

Al rato de haberse tornado unas cervezas. Juan sacó su grabadora y puso música de Los Guaraguao.

—Jorge: ¡Juan! No pongas esa música.

—Juan: ¡No te preocupes! Tú sabes…no pasa nada. Y ahora para que te asustes, ahí te va.

(Aquí le da más volumen a la grabadora).

En ese momento viene un convoy militar. Al detenerse junto a los amigos, se baja un cabo y el resto de los soldados.

—El cabo caminando al frente: ¿Así que les gusta oír esa mie—? ¡No hay duda que son guerrilleros, cabro—! ¡Suban las manos y péguense a la pared! ¡Soldado! ¡Revíselos! —Este saca la cartera del short de Juan y se la da al cabo.

Mientras que la revisa, dice Juan burlándose: ¿Ya puedo voltear?

El cabo asustado con credencial en mano.

—Cabo: ¡Disculpe, mi sargento! ¡No quería molestarlo! ¡Yo solo cumplo con mi deber!

—Juan riéndose: ¡Mira! ¡Nomás porque estoy de buenas! ¡Si no te pondría a hacer cincuenta de pecho. ¡Lárgate y fíjate con quien te metes!

—El cabo: ¡Arriba todos! ¡Ya vámonos!

Se subieron al camión, mientras que Juan agarra la cerveza y les dice: ¡Salud nenas! ¡Ja! ¡Ja! ¡Ja!

Lupita y doña Amanda prepararon una cena para festejarles la bienvenida. Por primera vez en mucho tiempo, los cinco hermanos se reunían.

Lupita los llama a cenar. En medio de un ambiente tenso.

—Efraín en tono sarcástico: ¿Así que se van a Estados Unidos? ¡Qué bien por ustedes!

—Lupita: ¿Qué quieres decir con eso?

—Doña Amanda los mira: ¡Muchachos por favor! ¡Este no es el momento! ¡Por primera vez en mucho tiempo! estamos comiendo juntos! Así que por favor…¡Compórtense como gente!

—José molesto y señalándoles: ¿No se dan cuenta, que lo único que hacen es matar a nuestra gente? ¡Esa que reclama los derechos de los más explotados por los ricos!

—Carlos molesto: ¡Mira, José! Por tu forma de hablar, pienso que estas contra nosotros.

—Efraín: Si así fuera, ¿Qué? ¿También nos matarás?

—Doña Amanda suelta el llanto: ¡Ya muchachos! ¡Ya! ¿No se dan cuenta que yo sufro al escucharlos hablar así? —Se levanta de la mesa y se va llorando.

Lupita va hacia ellos. Y expresa con enojo:

—Lupita: ¡Qué injustos son ustedes! ¡Mamá bien contenta por vernos juntos y ustedes con sus cosas! ¡Qué ingratos son, de verdad! ¡De plano me decepcionan!

—José: Yo solo quiero que estos se den cuenta que están matando a su misma gente. ¡Su misma sangre! ¡Con un car—! Solo porque un superior te da una orden…¿Tienen derecho a asesinar a todo un pueblo?

—Juan: ¡Nosotros no tenemos la culpa! ¡Ellos escogen ese camino! ¡Y ese es su problema, no nuestro! Además, en el ejercito tenemos ropa, calzado, comida y un sueldo.

—Efraín: Sí, como no. Pero, ¿A qué precio? ¡Sangre! ¿Escuchaste? ¡Sangre!

—Carlos: ¡Ultimadamente! ¿Ustedes están con nosotros o en contra?

—Efraín caminando hacia el en forma retadora: ¡No, hermano! ¡No! ¡Nosotros somos el pueblo y por lo tanto estamos con él! Así que…si algún día tenemos que enfrentarnos…¡Que sea lo que Dios quiera! ¡Te guste o no! ¡Eso es lo que he decidido! ¿Cómo la ves?

Lupita al escucharlos, se altera y se agarra las greñas…

"¡Que Dios los perdone! ¡Si no escuchara lo que estoy oyendo, no lo creería! Siendo hermanos y miren las estupideces que dicen… ¡Parecen más animales que hermanos!".

Lupita da la vuelta y se va…

Mientras los hermanos, al escucharla, ponen mirada rencorosa entre sí. Sin mediar palabra alguna, se retiran a dormir.

El país continuaba su marcha. La gente en sus trabajos, los estudiantes en la escuela y cada quien con sus quehaceres. Mientras tanto, Jorge viaja cada fin de semana a casa.

Y para un Año Nuevo que regresaba de su hogar, su amigo Will, compañero de trabajo, llegó muy temprano al taller.

—Will un tanto alocado: ¡Flaco! ¡Flaco! ¡Ya levántate, hue—! ¡Abre!

—Jorge: ¡Ya! ¡Ya! ¡Espérate! ¡Deja darme un baño!

—Will: ¡No! ¡Vístete y vámonos al comedor, que me vengo muriendo de hambre!

En el comedor.

—Will: Anoche nos tomamos unos tragos y traigo una resaca que para qué te cuento. ¡Nombre! ¡Olvídate! ¿Y tú qué cuentas?

—Jorge: Yo llegué por la tarde, pero en la mañana me fui a la playa y llegué muy cansado.

Estando en amena charla, sonaron unos disparos. Por esa razón decidieron regresar al taller, pero enseguida, aparentemente todo quedó en calma. Fue por eso que volvieron al comedor a terminar su desayuno. Y cuando finalizaban, de nuevo se escucharon más disparos.

Resulta que fue una guerrillera, quien, apostada en la pared de una casa, situada a cien metros de la entrada al Cuartel de la Guardia, disparaba directamente hacia su blanco.

Y los cuatro guardias que vigilaban las torres, cayeron.

Cuando alguien pretendía abrir el portón de entrada, ahí quedaban fulminados. Fue hasta que llegaron refuerzos, que la acorralaron. La chica, al ver esto, saltó la pared y corrió, pero en la contra esquina, fue acribillada por los guardias. (Ella llevaba puesto jeans, chamarra y tenis). Cuando se acercaron a ella, descubrieron que sus vísceras las tenía afuera.

Dentro del comedor, los clientes estaban en el piso, cubriéndose de los tiros. En ese momento, vieron unas botas clásicas de la Guardia Nacional. Se trataba de un oficial, quien se dirigió a la dueña del lugar, apuntándole con su fusil.

—¿Dónde están los guerrilleros? ¡Vieja estúpida!

—Mujer: ¡No, señor! ¡Aquí no hay ningún guerrillero! ¡Gracias a Dios, aquí somos evangélicos!

—El oficial gritando: ¡Muy bien, cabro—! ¡Todos afuera y pegados a la pared!

El guardia pide documentos a Jorge y este le contestó que no contaba con ellos, por ser menor de edad. Luego, se escucharon más disparos y otra vez al suelo. En ese instante, los guardias se retiraron.

De pronto… Will se acercó a Jorge y le afirmó:

—Will asustado: ¡Flaco! ¡Flaco! ¡Vámonos por este pasaje! ¡Tú te vas por este lado y yo por el otro! —Señalando el camino con el dedo índice.

—Jorge: ¡No! ¡Yo me quedo aquí! ¡Hasta que pase todo esto!

—Will: ¡Bueno! ¡Como quieras! ¡Pero yo me voy!

Entonces Will corrió cruzando la calle y a unos cincuenta metros, un guardia estaba mirando a su izquierda, pero de repente volteó a la derecha y miró que Will caminaba hacia el pasaje. El guardia llegó a la entrada y sin hablar, se arrodilló y disparó.

La señora del comedor y Jorge vieron todo y luego se agacharon hasta que pasara la pesadilla.

Cuando todo pasó, Jorge fue a buscar a su amigo y lo encontró muerto sobre unas gradas, a la entrada de una casa, en una posición. Después, Jorge fue al taller y contó lo que pasó. Al poco rato, llegó el papá de Will y el patrón de Jorge.

—Papá llorando: ¿Dónde está mi hijo? ¿Dime dónde está? ¡Llévame a verlo!

—El patrón habla: Jorge, si tú sabes, llévanos, por favor.

Los tres se fueron caminando hasta donde estaba Will, pero cuando llegaron, su amigo estaba en otra posición, cubierto con una sábana blanca. Al momento llegó la prensa escrita y hablada.

—Esta es YSRT informando desde el propio lugar de los hechos que en el ataque a la guardia nacional, en esta mañana una guerrillera cayó, a unos 200 metros a la entrada de dicho cuartel.

¡El otro guerrillero, fue abatido aquí…y es precisamente el que está a mis espaldas!

En esos momentos Jorge sintió un coraje que no se pudo contener y le gritó al periodista:

—¡Él no era ningún guerrillero! ¡Era mi compañero de trabajo y el guardia le disparó sin preguntar nada!

Inmediatamente el resto de reporteros se abalanzaron sobre Jorge, al cual su patrón se interpuso.

—Un momento, déjenlo en paz que no es tan fácil por lo que está pasando. —volteando a Jorge—Vámonos.

En el noticiero de la tarde, se dijo que Will era guerrillero, pero al anochecer, los "muchachos" (también los llamaban así) asaltaron una estación de radio y pusieron un comunicado que aclaraba sobre la única baja, (la muchacha).

Desde luego Jorge ya estaba en su casa.

Jorge vivía en la colonia Monte Carmelo, situada en las afueras de la ciudad de Soyapango. Una mañana fue al mercado acompañado de su novia a comprar para preparar el almuerzo, bajaron del autobús, caminaron 2 cuadras y de pronto comenzaron los disparos. La gente corría desesperada, tratando de protegerse, algunos cayeron por los impactos. El llanto y el terror no se hizo esperar.

REVOLUCIÓN

—Jorge abrazando a Estela —aterrorizados—: ¡Cálmate, mi Amor…ya terminará esto…cálmate!

¡Ay, Dios mío, que pronto se acabe…que pronto se acabe!

Poco a poco, los soldados tomaron control de la situación. La gente empezó a levantarse y volver a sus casas, mientras los muertos y heridos yacían por todos lados.

Al anochecer, el gobierno ordena cadena de radio y televisión para dirigirse al pueblo.

—Presentador: Damas y caballeros con honorable respecto a todo el pueblo de El Salvador, por este medio, quiero decirles:

Que la situación política en el país es insorteable y no es justo que los subversivos anden por las calles, provocando muerte y destrucción a esta sufrida nación, por lo tanto y por mandato del Sr. Presidente, a partir de hoy y hasta nuevo aviso queda prohibido: A cualquier persona civil, nacional o extranjera andar por las calles por otra razón desde las 6 de la tarde hasta las 6 de la mañana, al mismo tiempo adelantar su reloj 2 horas. Por otra parte, si alguien tiene una emergencia, por favor, salga con un pañuelo blanco. Para saber en qué podemos ayudarle. Por su atención, muchas gracias.

3 días después, Jorge venía de trabajar, pasó al mercado comprar un aguacate para cenar, en el camino a su casa, encontró un convoy militar, al mirar lo que llevaba en sus manos, alguien le gritó:

—Párate ahí, hijo de p—Bajándose todos del jeep—¡Y sube las manos!

—Jorge asustado: ¡Sí, señor! ¡Sí, señor! ¡No Dispare!

—Soldado (apuntando): ¿QUÉ LLEVAS AHÍ, CAR—? ¿UNA GRANADA?

—Jorge: ¡NO SEÑOR, ES UN AGUACATE PARA…PARA CENAR!

—Soldado: ¡NO TE CREO! ¡APACHURRALO!

—Jorge: ¡SEÑOR…ES PARA MI CENA, SEÑOR!

—Soldado: ¡QUE LO APACHURRES TE DIJE, CAB—O TE DISPARO!

A Jorge no la quedo otra más que apachurrar su cena.

—Soldado: ¿YA SABES QUÉ HORA ES?

—Jorge: SÍ, SEÑOR, FALTAN 10 PARA LAS 6.

—Soldado: CORRE LO MÁS RÁPIDO QUE PUEDAS, SI TE ENCUENTRAN EN LA CALLE...YA SABES LO QUE TE TOCA.

Los escuadrones de la muerte, eran un grupo interno de la fuerza armada. Por las noches, sacaban por la fuerza a las personas que ellos creían o sabían que eran guerrilleros. Una noche, en la cual mi tía y su familia descansaban, llegaron a su casa.

—Escuadrón de la muerte: ¡TOC, TOC, TOC! (con la culata del fusil). ¡Abran la puerta...abran la puerta!

—Tía, asustada: ¿Qué pasa...qué pasa?

—Esc/muerte: Hágase a un lado, señora. ¿Dónde está su marido? Hey, aquí está. —Contesta otro trayéndolo a empujones. —¡Vamos...camina que ya te llevó la jod—!

—Tía y sus hijos llorando: ¿DÓNDE LO LLEVAN? ¡NO ME LO VAYAN A MATAR!

—Esc/muerte: ¡YA CÁLLENSE! O TAMBIÉN A USTEDES LOS LLEVAMOS.

El escuadrón de la muerte subió a su esposo al carro (cherokee negra) y se lo llevaron quién sabe dónde.

Al día siguiente, su tía lo buscó en hospitales, policía y cárceles de diferentes lugares, pero, no lo encontró, por la tarde, una de sus amigas le avisó que alguien estaba tirado a la orilla del rio, con un disparo en la cabeza y por desgracia se trataba de su marido.

Las manifestaciones estaban a la orden del día, un sábado me dirigía a cobrar mi trabajo de la semana, una manifestación del M.E.R.S. (movimiento estudiantil revolucionario salvadoreño)

Paso cerca de la sastrería, al cruzar la calle, un policía le grito.

—Policía: ¡PÁRATE CAB—! —apuntándole con su fusil. ¡TÚ ERES MANIFESTANTE! ¡NO TE MUEVAS!

—Jorge asustado y con las manos arriba: ¡NO, SEÑOR...YO SOLO VOY A COBRAR MI TRABAJO!

—Policía, pegándole en el pecho: ¡NO ME MIENTAS, HIJO DE P—! ¿DÓNDE TRABAJAS?

—Jorge: ¡Aquí nomas, en la otra calle! —El policía lo reviso y luego dejo que se fuera.

REVOLUCIÓN

Para enero de 1990, una manifestación salió del parque Cuscatlán dirigiéndose al centro de la ciudad. Al pasar por catedral, se detuvieron gritando consignas.

—Manifestantes con altavoz en mano: ¡EL PUEBLO UNIDO…JAMÁS SERÁ VENCIDO!

¡QUE LOS ASESINATOS DE NUESTROS LIDERES, NO QUEDEN IMPUNES!

¡ALTO A LOS ESCUADRONES DE LA MUERTE!

¡ALTO A LA REPRESIÓN! ¡PUEBLO ÚNETE!

De repente, sonaron los disparos por todos lados, unos corrían, otros cayeron en las escalinatas de las iglesias. (12), muchas personas entraron (en las iglesias) pero en la entrada, varios cayeron al suelo y los demás en su desesperación por entrar, pasaron sobre ellos, algunos manifestantes, estaban armados y respondieron al fuego (contra el Palacio Nacional). Pasadas varias horas, de a poco fueron saliendo, de 2 en 2 y con las manos en la cabeza.

Los días continuaban casi igual, las fábricas en huelga, la guerrilla urbana, haciendo explotar casetas de teléfono, atravesando y quemando autobuses. El ejército por su parte rondando la capital y lugares aledaños.

En el campo, algunos campesinos aparecían muertos a la orilla de los ríos, de las carreteras y las morgues repletas de muertos. Fue entonces, que Mons. Romero preparó una homilía especial que, por cierto, sería la última.

En una catedral repleta (como todos los domingos) Mons. Se dirige al público (feligreses).

—Monseñor: Yo quisiera hacer un llamamiento especial a los hombres del ejército y en concreto a las bases de la guardia nacional, de la policía, de los cuarteles.

Hermanos, son de nuestro mismo pueblo, matan a sus mismos hermanos campesinos y ante una orden de matar que de un hombre debe de prevalecer, la ley de Dios que dice "no matar" —aplausos— ningún soldado está obligado a obedecer una orden contra la ley de Dios. Una ley inmoral, nadie tiene que cumplirla. Ya es tiempo de que recuperen su conciencia y que obedezcan antes a su conciencia que a la orden del pecado.

La iglesia, defensora de los derechos de Dios, de las de la ley de dios de Dios, de la dignidad humana, de la persona, no puede quedarse callada, ante tanta abominación.

Queremos que el gobierno (-) en serio, que de nada (-) tome en serio que de nada sirven las reformas si van tenidas con tanta sangre. En nombre de Dios pues, y en nombre de este sufrido murrio, cuyos lamentos suben hasta el cielo cada día más tumultuosos, les suplico, les ruego, les ordeno en nombre de Dios.

¡CESE A LA REPRESIÓN!

El día siguiente, Mons. fue a dar una misa en una colonia de la capital, preparándose para su cita (túnica blanca, pañoleta, cristo, lentes, etc., etc., etc.); rumbo a su destino. Una cantidad pequeña de feligreses, esperaban la llegada de Mons. 2 monjas que lo ayudarían, esperaban en la puerta. La misa se realizaba solemnemente, el padre Romero partió la ostia en 2 y dijo:

—Mons. elevando sus brazos: ¡ESTE ES MI CUERPO!

Al mismo tiempo una pick-up, avanzaba muy cautelosamente, en ella un francotirador se preparaba.

—Mons. presenta la copa, al público y dice: ¡ESTA ES MI SANGRE! ¡SANGRE DE LA ALIANZA QUE TENGO CON MI PUEBLO!

De pronto, se escucha un disparo y un rechinar de llantas. Todos voltearon la vista hacia afuera, pero el voltear, lo que se vio…era muy cruel. Mons. caía al suelo, el impacto fue muy certero. Al corazón. Rápidamente le quisieron dar primeros auxilios, pero no había nada que hacer, su boca, nariz y oídos emanaban sangre. Ya estaba muerto.

Mons. cayó a los pies del cristo, el mismo cristo que alguna vez idolatró, pero que hoy, por decir la verdad y defender a los más pobres y oprimidos, caía ante Él.

Después del asesinato, el pueblo se preparaba para darle su último adiós, la plaza frente a la catedral estaba llenísima. 200,000 personas asistieron, todas de una en una, caminaron en fila hasta llegar al féretro, el cual estaba con medio cuerpo destapado.

La ceremonia se realizaba con una tensa calma. De pronto, comenzaron los disparos, de nuevo, la gente corría como loca, al momento se armó una ola de personas buscando refugio, pero era imposible, la entrada de la iglesia era muy pequeña para ese mar de gente.

40 personas murieron esa tarde, unos por los disparos y otros aplastados, muchos se protegían en las vallas de la plaza y la mayoría tendida en el suelo, tapándose la cabeza con sus propias manos.

Pasadas unas horas, los cuerpos de socorro (cruz roja y cruz verde) se hicieron presente a recoger muertos y heridos. Al mirar esto, todas las personas poco a poco, se levantaron y empezaron a caminar, con los brazos en alto agitando un pañuelo o algo blanco, hasta que la plaza quedó vacía. Carros y autobuses volteados e incendiados, sangre, basura, llantas quemadas por todos lados, un panorama desolador y miedo fue el resultado de esos días tristemente recordados. Esa era la gota que derramaba el vaso, después arrecio la guerra, solo que esta vez sería en las montañas.

La guerrilla se internó en las montañas, ahí formaron sus fábricas de armas caseras, entrenaban como si fueran un ejército regular y con picos y palas excavaron los muy famosos, "Tatús". Constaba de un túnel de 6 pies de alto por 3 de ancho, luego colocaban troncos y ramas para después cubrirlos con la misma tierra, tan largos como les fuera posible, que les servían para atacar y esconderse.

Pequeños grupos (8 o 10 personas) eran enviadas a pedir ayuda o colaboración, a los autobuses en las carreteras del país. Y en determinado momento, cuando algún convoy militar se encontraba, peleaban y escapaban, a lo cual llamaron, "Guerra de desgaste", es decir, atacar y escapar.

También las torres de tendido eléctrico, los puentes, casetas telefónicas, fueron blanco de explosión, dizque para desestabilizar el país.

Un fin de semana, se dirigía a visitar a su novia, en la ciudad de Santa Ana (65 km. al accidente de la capital) Jorge trabajaba los viernes toda la noche, para salir temprano el día sábado, por el camino tenían que pasar frente al Regimiento Militar de Caballería, 2 km. adelante, había un retén militar que paró el autobús.

—Sargento, levantando la mano en señal de alto: Bajen todos los hombres. ¡Y arrímense al autobús con las manos en alto!

Nos bajaron del autobús y empezó a pedir documentos, Jorge estaba desvelado, sin afeitarse y vestía jeans, playera y tenis. Cuando llego con él, lo escuela de pies a cabeza y dijo:

—Sargento, mirándome a los ojos: Tus documentos…espera…espera. Tú eres guerrillero, cab—… No lo niegues.

—Jorge asustado y con la voz quebrada: No…no, señor…disculpe…pero…yo…no soy lo que usted está diciendo.

—Sargento, amenazante: ¿Cómo que no, cab—? Sí, yo sé a sí, no me quieras ver la cara de pendejo. Mi teniente, mi teniente. —Volteando hacia el teniente.

—Teniente: ¿Qué pasa, sargento?

—Sargento, saludando el estilo militar: Le doy parte, mi teniente, que agarramos un guerrillero y aquí lo tenemos, señor.

—Teniente, dirigiéndose al resto de pasajero: ¡Todos ustedes suban al autobús y váyanse! ¡Tú…ven conmigo! ¿Ves aquel soldado que esta allá? ¡Corre!

—Jorge asustado: ¡Pero, señor, no lo alcanzo a ver!

—Teniente: ¡Que corras te estoy diciendo! —Preparando el fusil a disparar. En esos momentos sintió que moriría, y no tuvo más que correr, fueron unos minutos tan largos, angustiantes y desesperantes, al sentir que estás a unos segundos de la muerte. Cuando se cansó, y para su sorpresa, al voltear se estaban carcajeando, al llegar con el otro soldado, me preguntó:

—¿Va a prestar servicio militar?

Después llamamos al teniente.

—Jorge: ¡Señor, ni sabía que están reclutando, además soy corto de vista, por eso no puedo quedarme, si gusta revisar mis lentes!

—Teniente: ¡Mire amigo…usted sabe cómo están las cosas! Y véase como anda, lo voy a dejar ir, pero si otra vez lo vuelvo a ver greñudo y sin afeitarse, no me va a importar que no vea bien y lo voy a dejar en el cuartel. Soldado, consígale un aventón y que se vaya.

Una tarde, un pequeño grupo de guerrilleros (25/30, entre ellos Efraín y Cesar) llegaron al mozote, un pueblito de 1000 personas más o menos, aprovecharon para comer y descansar.

—Efraín sonriente: Buenas tardes, señora, ¿Tendrá por ahí algo de comer que nos regale? Mis camaradas y yo tenemos hambre y nos caerían muy bien unos frijolitos con cremita y tortillas, ¿Sí?

—Señora moliendo maíz para la masa: Ay, señor…¡Me pone con pendiente, luego viene la tropa y nos acusa que nosotros los apoyamos!

—Efraín ¿Cesar…por qué no te quedas aquí? ¡Con nosotros no tiene futuro, nosotros peleamos por una causa, que tú, no creo que comprendas!

—Cesar triste y con la mirada perdida: ¿Te puedo pedir un favor? No me vuelvas a pedir eso, tal vez tengas razón, pero lo que no entiendes, es que no tengo a nadie más que tú, eres mi madre, mi hermano, mi amigo.

—Efraín abrazándolo: Cesar, entiende, un día te puede pasar algo, y yo…

—Cesar: Efraín, por favor.

—Efraín: Está bien, pero piénsalo, reúne a la gente y vámonos.

Varios días después, el ejército llegó por la noche y mataron a todo el pueblo. Pasados unos días, Efraín y su gente regresan encontrando los escombros del pueblo. Cesar dice a Efraín:

—Cesar: ¿Y tú querías que yo me quedara aquí?

—Efraín: ¡Pobre gente, larguémonos, aquí huele a muerte!

Después de caminar varios kilómetros, encontraron una columna militar y comenzaron a pelear.

—Efraín: Cesar, cúbrete, CESAAAAR.

Cuando pasó el fuego, los guerrilleros contaron tres bajas, (2 muertos y 1 herido) mientras el ejército cayeron casi todos, excepto un guardia, que capturaron.

Continuaron caminando y al día siguiente, cerca de un pueblito se encontraron de nuevo con la tropa y otra vez a combatir. Una niña que andaba recogiendo huevos quedó en medio de fuego cruzado.

—Guardia: Suéltame, ¿No ves que la niña puede morir? Vamos, solo quiero ayudarla…salvarla.

—Efraín: Sí, como no… Te suelto y luego te escapas.

—Guardia: Por amor a Dios, mírame a los ojos y dime que te estoy mintiendo, ¡Suéltame…te prometo traerla conmigo!

—Efraín suelta al guardia y dice: ¡Ve por ella!
—Compañero: ¿Qué estás haciendo?
—Efraín: ¡Yo sé lo que hago!

El guardia se arrastró por el suelo y llegó hasta donde estaba la niña. La cubrió con su cuerpo y la llevó hacia unas rocas (-), donde esperó que pasara el enfrentamiento.

Luego apareció con la niña en sus brazos y la llevó con Efraín, cuando de pronto...

—Comandante, enojado: ¿Quién está a cargo de este prisionero?
—Efraín con el pecho erguido: ¡Yo, señor!

Comandante camina hacia Efraín: Compañero...la decisión que usted tomó fue algo arriesgada.

—Efraín: Sí, señor...pero no tenía opción. La niña estaba en peligro, y de una u otra forma había que salvarla.

—Comandante: Muy bien...ahora yo también tengo que tomar decisión. Traiga al prisionero. Ud. al haber arriesgado su vida para salvar la de ella, lo dejo en libertad. Pero, solo tiene 2 opciones, 1, no regrese a la guardia, porque si lo encontramos de nuevo, morirá. La otra es, que se una a nosotros.

Poniendo un fusil al frente, pasan unos segundos, y el guardia toma el arma, seguidamente, los guerrilleros aplauden.

—Comandante: Compañero, Efraín.
—Efraín: A la orden, señor
—Comandante: Su actitud fue muy inteligente y eso es lo que requiere esta guerra, hombres inteligente, hombres valientes y como premio, desde hoy es ascendido al rango de sub-comandante.

El comandante pone su mano en el hombre de Efraín y dice:

—Comte: Saluden al sub-comandante, Efraín.
—Guerrilleros eufóricos: ¡Que viva el subcomandante Efraín... que viva! ¡Viva el ejército revolucionario del pueblo...viva! ¡Viva Farabundo Martí...viva!

Efraín medio sonríe y deja su mirada perdida.

Jorge tenía amigos que pertenecían al ejército y otros a la guerrilla, Miguel y Jacobo, compañeros de colegio nocturno. Los 2 eran compañeros de cuarto, pero adentro habían hecho una escalera que tenían puesta en dirección del tejado donde había un agujero.

Una noche, el escuadrón de la muerte llegó para sacarlos.

—ESC/DE LA MUERTE: Toc, toc, toc, abra la puerta, abra la puerta, Miguel…Jacobo…abran.

—Jacobo asustado: ¡MIGUEL, MIGUEL! Despierta cab—, el escuadrón de la muerte está tocando. Vámonos.

El escuadrón tumbó la puerta, en el momento que Miguel casi salía por el techo, cuando lo tomaron de un pie. Jacobo que lo ayudaba, le dispararon, y corrió por todo el tejado, dejando solo a Jacobo. Se llevaron a Jacobo con rumbo desconocido, donde sería interrogado y torturado.

En el sótano de algún lugar (posiblemente, el cuartel de la guardia) después de golpearlo, procedieron a arrancarle las uñas, una por una.

—Torturador: ¿Quiénes son tus lideres? ¿Cómo se llaman? ¿Dónde viven?

—Miguel, con las uñas y la boca desangrada: Te repito que yo… no sé nada.

—Torturador: Habla de una buena vez…no lo hagas más difícil.

—Miguel: Ya, por piedad…mátame si quieres, pero no te puedo decir nada porque no sé.

—Oficial: ¡Señor, el prisionero no quiere hablar! Dice que no sabe nada.

El jefe se lanza sobre el oficial y tomándolo de la solapa lo sacude y le dice:

—Jefe: ¡Y tú fuiste tan pendejo…que le creíste! Eso pasa cuando mandas a otra persona a que haga el trabajo, prepáremelo…ya veremos si no habla.

El oficial regresa y ordena que desnuden a Miguel, luego lo amarran de manos y pies (formando una X), después lo suben y queda colgando. Minutos más tarde, llega el jefe.

—Jefe: ¡Bueno…ya veo que eres muy valiente! ¿Quién te crees que eres? ¿Superman, Batman? ¡El hombre araña! No, que va hombre, esos existen solo en historietas, y esta es la realidad, tu realidad. Es muy fácil, solo contesta y mira, nos vamos cada uno para nuestra casa.

Miguel no contesta y el jefe se enfurece.

—Jefe: ¡Muy bien…tú lo quisiste. Oficial, amarre la cubeta a sus hue—y abra la llave muy lentamente!

En esos momentos, Miguel lanza un grito de dolor.

—Jefe: ¿Cómo…se llaman…tus…cabecillas? ¡Abra más la llave!

La cubeta estaba ya casi llena, cuando dijo Miguel.

El jefe se acerca con una sonrisa burlona.

—Miguel: Se…llaman…como…tu madre. —Sonríe y escupe al jefe. Entonces, el jefe saca su pistola y le dispara en la frente. Al otro día aparece tirado en la calle.

La guerrilla tenía en sus filas una diversidad de gente, desde campesinos hasta estudiante universitarios. Estos últimos compraban baterías de carro, micrófonos, sartenes (que aplanaban con artilló para hacer antenas), y todos los materiales para una radio, la cual cargaban en burros y así la llevaban por todos lado, alentando su gente.

—Locutor barbudo: Desde algún lugar de la república, transmitiendo en vivo para toda la nación, esta es tu radio. Venceremos. —Así es, compañero, claro que venceremos, un saludo para la compañera María, una combatiente con muchas agallas que atacó, junto con 4 compañeros más, un convoy militar en la carretera panamericana, donde se apoderaron de un fuerte cargamento de municiones, uniformes, botas, radios de comunicación, etc. Así es, compañeros, la lucha por la libertad es dura, pero es mejor morir libres, que vivir bajo el yugo de la opresión, por eso compañeros vamos, alcemos las armas, es la única manera de hacer oír nuestra voz, pelear por un El Salvador libre, libre de tanta tiranía, libre del tirano opresor para un futuro mejor de los valiente compañeros y recuerden: "Hasta la victoria, siempre".

José visito a su familia, Juan que llegó un día antes, al verlo exclama:

—Juan, enojado: ¿Cómo te atreves a venir a esta casa? ¡Lárgate!

—Doña Amanda: Un momento, esta casa no es tu cuartel. Y él es tan mi hijo, como tú y tus otros hermanos. Pasa, hijo, pasa… Lupita, Lupita, ven a ver quién ha regresado. Es José, prepárale algo de comer, gracias Dios mío por traérmelo de nuevo.

Lupita, al ver a su hermano, corre emocionada hacia él, lo abraza, lo besa y lo pasa al comedor.

—Lupita emocionada: ¡Qué bueno volver a verte! Mamá ha estado muy preocupada por ustedes, esta guerra nos está matando a pausa. Pero bueno. Tengo que darte una noticia, que quizá no te guste.

—José contento ¿Qué…tienes novio? ¡Vamos, dime!

—Lupita, dudosa: ¡Este…sí…lo conocí en el hospital…militar!

—José suelta el tenedor y se recarga en el respaldo: Lupita, ¿Acaso no es suficiente con los problemas que tenemos entre nosotros? No te entiendo.

—Lupita mirándole a los ojos: José, nunca he intervenido en tus decisiones, te pido por favor, que respetes las mías.

Lupita se retira dejándolo solo. Al día siguiente, José se despide de su mamá, seguidamente va con Lupita y le dice:

—José: Perdóname lo de ayer. Eres mayor de edad y tú sabes lo que haces, ¿Cuándo es la boda?

—Lupita: Aún no tenemos fecha, creo que para fin de año.

—José dándole un beso en su frente: Que Dios te bendiga.

Después se marcha.

Los días pasaban y todo continuaba igual, pero llegó el 10 de octubre, Jorge y sus compañeros de trabajo se alistaban para ir a almorzar, eran las 11:50 A.M. cuando de repente se vino un terremoto que azotó la capital.

A lo que la guerrilla dio varios días de tregua. Durante ese tiempo, José y Efraín se encontraron en la montaña.

—Efraín: Hermano, ¿Cómo estás? Supe que te dieron unos días. ¿Qué paso? ¿fuiste a la casa? ¿Cómo está mamá?

—José cabizbajo: Sí, casualmente ahí estaba Juan y hubo un pequeño problema. Pero mamá lo resolvió. Ya sabes cómo es ella y no te preocupes. Lupita es la que me incomoda, imagínate, ya tiene novio.

—Efraín contento: ¡Oh! Qué bueno, ¿Es de la colonia? ¿Lo conocemos?

—José: ¡No, hermano! ¡Nada que ver! Es un teniente del hospital militar y qué podemos hacer. Está enamorada.

—Efraín molesto: ¿Qué pasa con Lupita? ¡Si ella sabe muy bien que nosotros nunca lo vamos a aceptar!

—José: Alguna razón tendrá que ni tú, ni yo entendemos. Pero bueno, tenemos mucho que hacer, solo quiero pedirte que te cuides, si algo te pasara. ¡No sé qué haría mamá!

Lupita y German por otra parte trataban de ponerse de acuerdo para la fecha de su boda.

—Lupita, tomados de la mano: German, yo creo que deberíamos esperarnos un poco más, solo tenemos un año y pienso que es muy poco tiempo, recuerda que estaremos toda la vida juntos y te voy a recompensar como te mereces.

—German: No entiendes que te amo tanto, que un día sin ti para mi es toda una eternidad. Me muero por tenerte entre mis brazos y demo…

—Lupita interrumpe: Yo también te amo, más de lo que te imaginas y te entiendo, ¿O crees que soy de hierro? Cuando me besas, por mis venas, corre…fuego, fuego del deseo, fuego de pasión…esa pasión que solo con entrega se puede apagar.

Luego, hacen una pausa y se miran a los ojos, German baja su mirada, con una lágrima corriendo por sus mejillas.

—Lupita conmovida, seca sus lágrimas: German, no llores…yo sé muy bien que me amas. ¿Pero si hacemos el amor siempre, ¿Nos casaremos?

—German: Claro, mi amor…tu eres mi vida y siempre los serás.

Ligeramente se besan, se levantan, German la toma por la cintura. Lupita le corresponde y se van a la casa de German donde hacen el amor.

El ejército, la guardia, la policía nacional, la policía de hacienda, buscaron radio Venceremos, pero nunca la encontraron, los muchachos (como también les decían) dejaban los implementos que ya no servían o que se descomponían, entonces el gobierno publicaba en el periódico, la tv, la radio, que ya habían capturado la estación.

Una tarde, el ejército se encontró en las montañas con 4 mulas que cargaban sacos de maíz, frijol y azúcar, pero en realidad lo que llevaban eran las baterías, micrófonos y la consola. El locutor disfrazado de sacerdote y unos campesinos que lo acompañaban (que también eran guerrilleros).

—Sargento: ¡Buenas tardes…padrecito! ¿Ha visto algo por ahí que nos pueda informar?

—Padre: ¡No sargento…para nada!

—Sargento: ¿Está seguro, padre? ¿No ha visto a los muchachos?

—Padre: Ya te dije que no, hijo. Siendo un servidor de Dios, ¿Piensas que podría mentirte?

—Sargento: ¡Yo no sé, padrecito…ojos vemos, corazones no sabemos! ¿Qué lleva en las mulas, padre?

—Padre: Frijoles…maíz y azúcar que estos buenos campesinos tuvieron la bondad de darme, ¿Quieres mirar?

—Sargento prendiendo un cigarrillo, caminando hacia el padre de frente: No, padrecito…yo sé que usted no se atrevería a mentirme. Pelotón…vámonos.

El sargento se lleva su gente y el cura los mira con cierto coraje.

El mismo grupo de soldados continuaron caminando hasta encontrar un manantial, donde el sargento decidió tomar un descanso.

—Sargento señalando a varios soldados: ¡Ustedes 4 ubíquense en lugares estratégicos! El resto, tómense un baño.

El pelotón disfrutaba de la pequeña poza, los guerrilleros llegaron sigilosamente, apuñalando a los que estaban vigilando. El resto fueron muriendo todos en el agua o tratando de salir. José, que formaba parte de ese ataque, después de supuestamente matar uno de los soldados que vigilaba y mientras disparaba a los otros (los que se bañaban) es acuchillado por la espalda. José cae herido sobre las piedras, rueda y cae al agua, mientras sus compañeros le disparan al soldado. Los guerrilleros se retiran dejando a su camarada pensando que murió.

Momentos después, otro grupo de soldados llega al lugar y encuentran a sus compañeros muertos, el oficial a cargo dice:

—Oficial: ¡Malditos… Los agarraron desarmados!

En esos momentos, José que se había quitado la ropa, grita.

—José: Ayúdenme…ayúdenme…acá estoy.

—Oficial: ¡Rápido…rápido…ayuden a ese hombre!

Llevando a José al hospital militar, pensando que es soldado.

El día siguiente en el hospital, Lupita va a trabajar y encuentra a su novio.

—Lupita sonriente: ¡Hola, mi amor! ¡Nos vemos al medio día! ¡Ya sabes dónde!

German quería mostrarle los anillos de boda, la mira de espaldas, continua el camino a su oficina. Lupita por su parte. Realiza su trabajo con toda normalidad.

Lupita va a un cuarto a chequear el suero de un paciente, se le caen unos papeles, al agacharse a recogerlos, alguien murmura su nombre.

—José: ¡Lupita...Lupita!

—Lupita sorprendida: ¡José! ¡Ay, Dios mío, estás herido!

—José quejándose: ¡Luego te explico...por ahora, ayúdame a salir de aquí! ¡Si descubren quien soy...aquí mismo me matan!

En ese momento entra German.

—German sacudiéndola de los hombros: Guadalupe...¿Qué pasa aquí? ¡Alcancé a escuchar, algo así como que me matan! ¿Y este hombre...quién es? Habla ya, no acabes con mi paciencia.

—Lupita llorando: German...no es lo que tú piensas...¡Es, es mi hermano! ¿Y qué puedo hacer? Denunciarlo, no puedo...ni debo. Ponte en mi lugar, ninguno de nosotros queremos vivir esta guerra, pero ni modo, haz lo que tengas que hacer.

—German llorando: No, Lupita...antes que nada me debo a mi patria. ¡Y lo que tú haces se llama traición!

—Lupita gritando en voz baja: ¿Tu patria? Dime, ¿Qué ha hecho la patria por ti?

—German: Por el amor que te tengo...te voy a dar una oportunidad. Tienes 24 horas, para abandonar el país...llévatelo, pero si los llego a encontrar, yo mismo les disparo.

German se retira del cuarto y Lupita ayuda a su hermano a vestirse. José con mucho esfuerzo y dolor camina por los pasillos hacia la salida abrazado con su hermana, simulando ser novios.

Al llegar a su casa, doña Amanda se asombra.

—Dona Amanda al abrazar a los dos, lastima a José: ¡José, Lupita, pasen, pasen! ¡Ay Dios, mi alma, estás herido! Aquí está Juan y piensa irse del país.

—Juan: ¡Lupe, José, hermanos…tenemos que irnos! La cosa está muy dura, y no nos queda otro camino. Ya hablé con mamá, y me dio su bendición.

Al platicar con Doña Amanda, la señora dice.

—Dona Amanda: Si no se puede hacer nada, mi modo. Es mejor tenerlos vivos, sin importar qué tan lejos estén, a que se queden y corran el riesgo de morir. Váyanse…y que Dios los bendiga.

A mediados de 1989, Efraín y su grupo estaban internados en la selva, patrullando una zona que estaba declarada libre, camino a Santiago de María (Usulután).

El ejercito que se dirigía en la misma dirección, hizo una parada para revisar el lugar, cuando de pronto se inició el combate. Cesar que siempre estaba al lado de Efraín, traía una mochila con municiones, se queda escondido detrás de un árbol.

—Efraín: ¡Este será un combate muy duro! ¡Quédate aquí, pase lo que pase, no te mueva! —sacando un arma—toma para que te defiendas.

—Cesar: ¡Espero que te cuides!

Efraín agrupa a su gente, y se ubican en varios puntos. De momento el combate arrecia, disparos de diferentes calibres, granadas, bombas, sonaban por doquier y la refriega se puso tremenda, Efraín disparaba, varios cayeron a causa de sus disparos. Cesar solo miraba, asustado, entonces, Efraín corre a un pequeño borde de tierra y al subir, recibe un disparo en la pierna derecha, que lo obliga a aplicarse un torniquete.

En eso estaba cuando de pronto, alguien le pone la boquilla de un fusil en la cabeza, y le dice.

—Soldado: ¡No hagas ni un movimiento en falso! ¡Y ve levantándote muy lentamente! Date la vuelta.

En esos momentos, Cesar que había mirado todo, llorando y cuidándose de los disparos, avanza hacia ellos, pero se esconde, cuando unos tiros pegan cerca de él. Efraín al darse la vuelta, se lleva la sorpresa de su vida y exclama.

—Efraín sonriente: ¡Carlos, hermanos…pero si eres tú! ¡Créeme que jamás pensé que llegaría este momento!

—Carlos enfurecido y respiración agitada: ¡Ni yo tampoco… pero llegó! Y hoy tengo que cumplir lo que día juré.

En esos momentos, Carlos recuerda el juramento a la bandera.

—Comandante: Juráis, defender a su país de cualquier ataque, extranjero o local.

—Pelotón, Carlos en primera fila: ¡Sí, Juramos! —Gritan todos.

—Comandante: Si así lo hicieran, que la patria los premie. Si no que ella misma los juzgue.

Carlos, se dispone a cumplir con su deber y pone el dedo en el gatillo, listo para disparar, Efraín cierra sus ojos y se escucha un disparo. Cesar que nunca había disparado un arma, mata a Carlos, a lo cual, llorando va hacia su hermano que ya murió.

—Efraín fuera de sí: ¡No! ¡¿Qué hiciste?!

—Cesar llorando: ¡Él quería matarte…te iba a disparar! ¡Yo solo te defendí!

—Efraín: ¡Era mi hermano! ¡Era mi hermano!

—Cesar en shock: ¡Tu hermano, no sabía, lo único que hice fue defenderte! ¡Perdóname, Efraín, perdóname!

Tirándose a sus pies.

Pasan unos instantes y Efraín abraza a Cesar, llevándolo al lado derecho de su pecho y le dice:

—Efraín: Cesar, ahora entenderás por qué te pido que te vayas, corre, corre lo más fuerte que puedas y busca un hogar, alguien que te cuide, te proteja, te apoye, te…

En eso un disparo le atina en el corazón, salpicando de sangre la carita de Cesar, poco a poco. Efraín va cayendo hasta llegar al suelo y quedar junto a Carlos. Entonces Cesar grita "Efraín" y comienza a correr hasta perderse en la selva. Pasado el enfrentamiento, los enfermeros militares llegan a recoger a sus muertos, levantando a Carlos y dejando abandonado a Efraín.

La noche siguiente, doña Amanda velando a su hijo Carlos, acompañada de familiares y amigos (incluyendo a Jorge).

Al amanecer, todos hincados, junto al ataúd, terminando de rezar el rosario dice.

—Doña Amanda: ¡Ojalá que mi otro muchacho se encuentre bien. Diosito santo, ahí te lo encargo!

REVOLUCIÓN

Al ponerse el sol en el horizonte, doña Amanda aparece dormida, sentada en una silla, a un lado del ataúd de su hijo Carlos. Efraín por su parte, continuaba tirado en el mismo lugar donde cayó.

Varios días después de la muerte de Carlos, Jorge regresa donde su abuela, esta vez para quedarse.

—Jorge cabizbajo y con su mochila al hombro: Abuela, aquí me tiene de regreso. Ya no volveré a la capital, creo que es mejor. Buscaré trabajo…le prometo que estaremos bien.

—Abuela: Sí, hijo, lo que tú digas. Jorge, ya ves que yo estoy vieja, cansada, enferma y sería bonito que te buscaras una novia, te casaras, tuvieras hijos, alguien que te atienda, no es bueno que estés solo. Yo pienso que…

—Jorge interrumpe: ¡No abuela, para traer niños a este mundo hay que pensarlo más de una vez y menos a este país!

El 1 de mayo de 1990 (fecha de su cumpleaños), Jorge decide abandonar el país y platica con su abuela.

—Abuela cocinando: Últimamente te he visto muy distraído, ¿Puedes decirme qué te pasa?

—Jorge: Abuela…yo…no sé cómo decirte, pero me iré.

—Abuela levantando los brazos y la vista al cielo: ¡Ay, hijo! ¡Otra vez con lo mismo, no entiendes!

—Jorge: No, abuela. Lo voy a sentir mucho, pero me voy. Me voy para el norte, abuela. Buscaré un futuro, que aquí se ha perdido.

—Abuela llorando: Está bien, hijo, tienes derecho a buscar lo mejor. Por mí no te preocupes, ahí veré cómo me las arreglo.

—Jorge tomando y besando sus manos: Abuela…no llore, usted solo rece que pueda cruzar la frontera y verá cómo le mando sus dolaritos.

—Abuela abrazándolo: No, hijo…no es eso, es que dicen que es tan peligroso. Imagínate, el hijo de doña Cristina se fue hace 6 meses y no sabe nada de él…y, ¿Con qué dinero te piensas ir?

—Jorge: Eso es lo de menos, ahorita regreso, voy con doña Amanda a pedirle la dirección de sus hijos.

—Abuela murmura: Ya sabes lo que haces…ya estás muy grandecito.

Mientras en las montañas, la lucha continuaba, los guerrilleros tuvieron una baja y un niño, que era hijo del fallecido, llora amargamente y hace un juramento.

—Niño: Ay, compañero…mataron a mi papi y ustedes saben que era un gran combatiente. Papito lindo, siento que yo traigo la bala metida en mi corazón, pero tu sangre no quedará derramada así nomás, yo te voy a vengar…te juro que te vengaré. Así sea lo último que haga. Mald—, mald—que mataron a mi papi…

Un guerrillero abraza al niño y lo lleva a un árbol, mientras sus compañeros entierran al papá, luego regresan y lo presenta.

—Guerrillero, poniendo enfrente al niño: Como ustedes saben, este niño acaba de recibir un fuerte golpe, en el cual, ha caído el compañero, padre de él. Después de lo pasado, el compañerito ha decidido incorporase a las milicias, nosotros miramos ciertas cualidades. Disciplina, entrega valor y sobre todo, un gran espíritu de sacrificio, por lo tanto, le entregaremos su arma y desde hoy es un compañero más. Revolución o muerte.

Todos alzan las armas y el niño dispara al cielo la suya.

El 5 de mayo de 1990 a las 5 de la mañana, Jorge se despide de su abuela y comienza su travesía, que dura 3 meses.

El 13 de agosto a la media noche cruza la frontera. El gobierno americano decreta que: todo salvadoreño que entro antes del 30 de Octubre de 1990 tienen derecho a una amnistía (permiso de trabajo).

Para 1992, la guerra terminó, las conversaciones de paz se llevaron a cabo en México, donde se firmaron decretos en los cuales se declaraba al FMLN en partido político, que fue lo único que ganó la guerrilla.

Un tiempo después, la abuela murió, Jorge no pudo verla, por no tener papeles.

El 28 de febrero del 2005 (14 años, 9 meses y 5 días después de salir de su país) recibe su residencia. Al salir del edificio federal, exclama:

—Jorge, con papeles y pasaporte en mano: Este es el pago, a tantos años de angustia y sufrimiento. A los que ya no están, siempre los recordaremos. Y los que estamos aquí, aprovechémosla. Esta solo es una, de más de 5,000,000 historias que podrían contarse, porque cada uno de nosotros tiene su propia historia.

Jorge se aleja del edificio, luego una ametralladora disparando, la gente cayendo y Jorge sudando, se tira de la cama y se esconde, su esposa que escucha el golpe dice.

—Esposa, asustada: Jorge…Jorge…solo es una pesadilla. Ya pasó todo…no pasa nada. No pasa nada, solo es otra pesadilla.

Jorge vuelve a su cama y se duerme.

Según el gobierno salvadoreño, 75,000 personas murieron durante la guerra, pero en realidad, fueron más de 150,000.

Por: Jorge A. Pacheco

Sobre El Autor

Jorge Pacheco, es sastre de profesión, originario del departamento de Sonsonate, El Salvador, C.A. En 1978, a los 16 años, se mudó en busca de trabajo a San Salvador, donde vivió por más de 14 años, en 1990 decidió venirse a USA. Desde ese tiempo vive aquí, dedicado a hacer trajes de charro y mariachi (por 13 años) ahora trabaja de handyman. En su tiempo libre y fines de semana, escribe sus propios guiones de películas, contando ya con 5 en su haber, 5 videos musicales y 43 poemas. Dentro de unos meses, arrancará las grabaciones de su sexta película, que se basará en el personaje más importante a través de toda la historia de la poesía.